LA
DIVISION DE CAVALERIE
DU
GÉNÉRAL MARGUERITTE
A SEDAN

LA
DIVISION DE CAVALERIE

DU

GÉNÉRAL MARGUERITTE

A SEDAN

RÉPONSE AU GÉNÉRAL LEBRUN

PAR

UN ANCIEN OFFICIER DU 3ᵉ CHASSEURS D'AFRIQUE

PRIX : 1 FRANC

PARIS

E. DENTU, ÉDITEUR

LIBRAIRE DE LA SOCIÉTÉ DES GENS DE LETTRES

Palais-Royal, 15-17-19, Galerie d'Orléans

1884

Droits de traduction et de reproduction réservés.

[illegible]

[illegible]

[illegible]

[illegible]

[illegible]

PRÉFACE

Lorsqu'un grand cataclysme se produit dans la vie d'un peuple, c'est avec émotion qu'on en recherche, longtemps après encore, les causes et les effets ; les plus petits incidents se grossissent et forment la légende, — la légende devient ensuite l'histoire.

L'histoire militaire ne peut s'écrire que d'après les rapports et les récits exacts de toutes les unités qui ont été appelées à combattre.

Tout enfant, je questionnais souvent un des survivants des dernières guerres du premier Empire.

Ses souvenirs se bornaient au jour où il vit l'Empereur à la bataille de Montereau.

« Nous passions sur le pont, disait-il, les bou-
» lets ricochaient sur les pavés et tuaient beaucoup
» de monde. Tout à coup, l'Empereur arrive au
» galop, les soldats mettent le shako au bout du
» fusil et crient : « Vive l'Empereur ! » Napoléon
» s'arrête, et, s'adressant à eux, leur dit d'un air
» terrible : « En avant ! et répétez-moi ça, volti-
» geurs ! » Après quoi je n'ai plus rien vu. »

Il en est ainsi pour bien des gens sur un champ de bataille.

La guerre de 1870 a été un grand cataclysme pour la France, la bataille de Sedan un des plus cruels incidents.

Depuis quatorze ans, on a beaucoup écrit sur cette journée néfaste. On a imprimé des accusations, des plaidoyers, des injures même, s'attaquant à l'armée et à ses chefs. Malgré l'intérêt que ces diverses publications, presque toutes inexactes, pouvaient offrir à la curiosité du public, il n'y avait qu'une chose à dire :

« La guerre contre l'Allemagne fut un immense désastre ; Sedan, Metz, Paris, la Loire rappellent de douloureux souvenirs. L'armée fit son devoir et succomba glorieusement sous le nombre et la bonne organisation des armées allemandes. Ses chefs, malgré leur bravoure, se reposaient trop sur les lauriers de Crimée et d'Italie, et lorsque le moment de la lutte arriva ils furent débordés et vaincus. Que cette terrible guerre nous serve de leçon ! »

Bazeilles-Sedan, — tel est le titre du livre que vient de faire paraître M. le Général Lebrun.

La haute situation de l'ancien commandant du 12e corps donnait à cette publication un attrait particulier.

On s'attendait à la révélation de faits nouveaux et tout au moins à l'histoire impartiale des événements de ces tristes journées.

En ce qui concerne la division de cavalerie placée sous les ordres du général Margueritte, ce volume contient deux erreurs qu'il importe de rectifier.

En cherchant à rétablir les faits sous leur vrai jour, je n'ai agi que dans un but purement historique et avec le désir de rendre hommage au souvenir de mes anciens camarades.

I

Avant d'exposer le récit des charges exécutées par la
division du général Margueritte, il faut retracer les événements et les causes principales qui ont amené le grand
désastre de Sedan, car le général de Wimpffen assigne
à cette division un rôle particulier dans son plan et ses
projets.

1° A 7 h. du matin, c'est sur cette division qu'il compte
pour s'emparer des hauteurs situées entre Saint-Menges
et Fleigneux, et arrêter les têtes de colonnes du Prince
Royal qui apparaissent de ce côté ;

2° Dans l'après-midi, il réserve cette division pour un
dernier effort vers Carignan ; il dit, en effet, à ce sujet :

« Vers midi, je ne vois de salut pour éviter une capi-
» tulation que de passer sur le corps des Bavarois épui-
» sés ; des ordres étaient envoyés en conséquence.

» C'est alors que la charge intempestive commandée
» par le général Ducrot vint compliquer les choses en me
» privant d'une cavalerie qui m'aurait peut-être facilité
» mon dernier mouvement offensif. »

Le maréchal de Mac-Mahon, commandant le 1er corps d'armée, vaincu à Reischoffen après une lutte opiniâtre, avait battu en retraite sur le camp de Châlons. Là on lui donna le commandement de l'armée dite armée de Châlons, qui devait s'engloutir dans le désastre du 1er septembre 1870.

Cette armée, composée des débris du 1er corps (général Ducrot), du 7e corps (général F. Douay), du 5e corps (général de Failly), et du 12e corps (général Lebrun), ne présentait pas les éléments d'une grande solidité. Les troupes, écœurées par une retraite précipitée des quatrièmes bataillons formés de jeunes soldats, apportaient un dissolvant et un manque de cohésion dans cette masse d'environ 120,000 hommes.

Sans tenir compte de cette infériorité morale, le ministre de la guerre, général comte de Palikao, donnait au maréchal l'ordre formel d'exécuter un plan audacieux et difficile, celui de marcher sur Metz ; ce qui devait à un moment donné le placer forcément entre deux armées allemandes.

Le maréchal, obéissant aux ordres qu'il reçoit de Paris, se met en mesure d'exécuter un plan qu'il n'approuve pas, et dirige en louvoyant son armée sur Reims.

Les mouvements s'exécutent lentement, on perd en marches et contre-marches un temps précieux. Les distributions de vivres sont faites avec irrégularité, la pluie et le mauvais temps s'en mêlent, les troupes sont fatiguées. Le maréchal n'use pas de la nombreuse cavalerie qu'il a sous la main pour exiger des renseignements que des reconnaissances envoyées au loin lui fourniraient certainement. Il est mal renseigné, mal secondé. Le général de Failly, désireux de mieux asseoir sa réputation militaire, perdait une journée à exécuter des manœuvres contre une reconnaissance allemande, et craignait si peu une attaque, qu'au lieu de précipiter la marche de ses troupes vers la Meuse il se laissait surprendre à midi dans son camp.

Cette journée de Beaumont, parmi les fautes commises, en fut une bien grande ! le prologue de Sedan !

Le maréchal de Mac-Mahon avait conçu le projet de porter toute l'armée sur la rive droite de la Meuse.

Il y avait déjà réuni les 1er et 12e corps. Le 7e parti de Stonne était en marche sur Rémilly, quand le 5e corps fut attaqué dans ses campements de Beaumont par les 4e, 12e corps allemands et 1er corps bavarois, la garde et la 12e division de cavalerie en réserve. Les autres corps de la 3e armée, 2e bavarois, 5e et 11e, et la division Wurtembergeoise, étaient sur la gauche vers Oches et le Chêne.

Le 5e corps avait donc à ce moment devant lui et à sa droite les sept corps des deux armées allemandes.

Du moment où, le 30, le maréchal n'avait pas réussi à réunir son armée sur la rive droite de la Meuse, il devait : ou accepter la bataille à Beaumont, en appuyant son aile gauche à la Meuse, faisant repasser la rivière aux 1er et 12e corps, et rappelant le 7e corps dont la division Conseil-Dumesnil était engagée à Stonne, La Besace et Warniforêt, — ou se retirer au plus vite sur Mézières en sacrifiant le 5e corps pour sauver les trois autres.

Le maréchal ne s'arrêta ni à l'une ni à l'autre de ces combinaisons et, pendant toute la journée du 30, il laissa les 1er et 12e corps assister impuissants, l'arme au pied, à l'écrasement du 5e corps.

L'armée arrive devant Sedan dans un état de décomposition morale à peu près complet. Les différents corps se sont battus à Beaumont, à Mouzon, à Bazeilles ; ils ont laissé derrière eux des morts, des blessés, des prisonniers et des trainards ; des convois ont été interceptés et pillés ; la discipline se relâche, les colonnes marchent en désarroi. Cette armée vouée à la défaite vient camper sur le plateau qui domine Sedan, plateau qui lui-même est entouré de points plus élevés et à portée de canon.

Pendant ce temps, les armées allemandes ne sont pas restées inactives ; elles accourent à marches forcées pour cerner et prendre les débris de l'armée française. Le maréchal, averti par les généraux Douay et de Wimpffen, le 31 août, croit cependant n'avoir devant lui que 50 ou 60,000 hommes.

Le 1er septembre, il est attaqué sur les mauvaises positions qu'il occupe. Blessé vers 7 heures du matin, il passe le commandement au général Ducrot qui ordonne la retraite sur Mézières.

Les positions sont abandonnées, la retraite est commencée, ce sera une bataille perdue, mais peut-être évitera-t-on un désastre sans pareil. Le général Vinoy dont le corps n'a pas été entamé recueillera à Mézières les débris de l'armée vaincue. Telle est la pensée du général.

Le général de Wimpffen a des vues bien différentes. Il sait, dit-il, que l'armée du Prince Royal de Prusse passe la Meuse à Donchery et à Dom-le-Mesnil pour couper la retraite sur Mézières. Vers six heures du matin, inquiet sur ce qui se passe vers la boucle de la Meuse, il se rend en avant du bois de la Garenne où il rencontre le général Margueritte, qu'il trouve seul. Le général lui dit que de considérables mouvements de troupes s'exécutent en avant de Francheval, mais qu'il n'a pas fait explorer le terrain en arrière de Floigneux et du côté de la Meuse. « *Eh bien!* lui réplique le général de Wimpffen, « *il s'y* » *concentre une armée pour nous y recevoir si nous* » *tentons une retraite de ce côté; ayez la bonté, sans*

» *plus attendre, d'y faire une reconnaissance offen*
» *sive, afin que vous nous précisiez ce que nous avons*
» *à redouter de ce côté.* »

Le général Margueritte se vit peu après en présence d'une nombreuse artillerie, 6 ou 7 batteries soutenues à peine par quelques escadrons. Un gros de cavalerie allemande, qui devait concourir à leur défense, poursuivait alors la division Brahaut qui s'était campée à proximité des bois et s'y laissait surprendre les chevaux au piquet. Le général Brahaut avait son fils tué et était fait prisonnier. Les deux généraux de brigade, les hommes les mieux montés gagnaient la frontière belge et parvenaient à rentrer en France.

Si, durant cette poursuite, le général Margueritte avait lancé sa division sur les batterie ennemies, nul doute qu'il ne l'eût fait avec succès. L'armée du Prince Royal de Prusse aurait eu sa marche en avant retardée, et le général Douay, à l'injonction qui lui fut faite de se réunir aux généraux Lebrun et Ducrot pour prendre part à une seule bataille contre les troupes du Prince de Saxe, n'aurait pas eu à alléguer comme obstacle à cette combinaison la présence d'une nombreuse artillerie et d'infanterie se portant sur sa ligne de défense.

En apprenant que le maréchal a été blessé et que le général Ducrot a ordonné la retraite sur Mézières, le général de Wimpffen persiste dans sa première idée ; il croit pouvoir arrêter le mouvement de l'armée du Prince Royal de Prusse en s'emparant des hauteurs entre Saint-Menges, Fleigneux et Illy, ainsi que des 40 pièces d'artillerie qui les garnissent, et en rejetant à la Meuse les escadrons du 14ᵉ régiment de hussards et les dix compagnies d'infanterie prusienne chargés de leur défense. Ces compagnies s'étaient à ce moment portées en avant de l'artillerie, se dirigeant sur Illy et Floing, et avaient déployé une ligne de tirailleurs peu épaisse entre ces deux villages.

Le général de Wimpffen pense qu'il faudra se retirer en ayant à dos la garde royale, les 12e et 4e corps, les 1er et 2e corps bavarois, qui occupent les positions en avant de Givonne et de Bazeilles, et en ayant sur le flanc gauche les 5e et 11e corps et les Wurtembergeois qui passent la Meuse à Donchery et Dom-le-Mesnil.

Il prévoit dans cette retraite un immense désastre et peut-être une capitulation en rase campagne avant d'avoir pu atteindre Mézières.

D'un autre côté, il croit qu'à Bazeilles les Bavarois sont épuisés par une lutte sanglante qui dure depuis la veille, et qu'en concentrant sur eux les efforts de toute l'armée il pourra rompre leurs lignes et se diriger sur Carignan et Montmédy, laissant ainsi, loin derrière lui, les 5e et 11e corps.

Il exhibe alors l'ordre du gouvernement de la Régence lui conférant le commandement suprême et donne les ordres pour l'exécution de son plan diamétralement opposé à celui du général Ducrot.

On sait le reste, le livre du général Lebrun en donne une très exacte explication.

Le plan du général Ducrot et celui du général de Wimpffen étaient certainement l'un et l'autre d'une exécution difficile. L'armée, déjà presque entourée, inférieure en nombre, placée sur un terrain qui ne lui permettait pas d'utiliser son insuffisante artillerie, dont les admirables troupes étaient décimées sans pouvoir atteindre l'ennemi, — l'armée était vaincue avant de combattre.

Si le général de Wimpffen avait reçu directement le commandement des mains du maréchal, avant tout ordre de retraite sur Mézières, pendant que le 12e corps occupait encore victorieusement Bazeilles, peut-être un vigoureux effort sur Carignan eût-il été couronné d'un succès qu'il eût fallu cependant acheter au prix de grands sacrifices.

Malheureusement, lorsqu'il prit le commandement en chef, il était trop tard ; il ne restait plus qu'à chercher à tirer le meilleur parti des combinaisons conçues par le général Ducrot.

Pendant tout ce drame, l'Empereur, malade, suit avec résignation l'armée où il ne commande pas. Après avoir inutilement cherché sur le champ de bataille la mort qui ne veut pas encore de lui, il cède aux prières de ceux qui l'entourent et rentre tristement dans Sedan. Là, après avoir vu en un jour s'écrouler son trône et son prestige, il s'interpose pour que la lutte cesse et ne se termine pas en une inutile boucherie. En se rendant auprès du Roi de Prusse, il espère encore obtenir du vainqueur un sentiment de générosité et des conditions moins dures pour l'armée.

Il ne se souvenait plus, l'infortuné souverain, de cette rose qu'à Tilsitt la reine de Prusse offrait en échange de Magdebourg à Napoléon, alors victorieux et intraitable. Le Roi de Prusse, lui, n'avait rien oublié.

II

Lors de la déclaration de guerre, les quatre régiments de chasseurs d'Afrique devaient former une division de réserve.

Les 1er, 2e, 3e régiments parvinrent seuls à Metz avant l'investissement de cette place. Le 3e régiment (colonel de Galliffet), embarqué à Philippeville à bord du transport l'*Intrépide*, avait rallié Metz en passant par Lunéville.

Ce régiment eut un combat heureux à Jarny, un escadron tout entier de uhlans fut détruit ou pris par le 2e escadron (capitaine commandant de Varaigne, tué plus tard à Sedan.) Dans cette rencontre, le cheval du trompette Noll fut seul blessé à l'encolure et les chasseurs baptisèrent ce combat du nom de *Jarny-sans-coton.*

Le 1er régiment de chasseurs d'Afrique (colonel Clicquot) eut de son côté une brillante affaire à Pont-à-Mousson contre quatre escadrons, éclaireurs de divers corps allemands, qui occupaient la ville, détruisant la voie ferrée et le télégraphe.

Ces escadrons furent surpris et cernés, les officiers étaient à table.

Le général Margueritte reçut un coup de sabre sur la tête et d'un coup de pistolet tua un officier de dragons allemands.

La voie et le télégraphe furent rétablis et une partie du corps du maréchal Canrobert put ainsi arriver à Metz.

Le 16 août, les 1er et 3e régiments de chasseurs d'Afrique sous les ordres du général Margueritte escortèrent l'Empereur de Conflans à Verdun. Après la journée du 16, ils ne purent rentrer à Metz où le 2e régiment était resté avec le général du Barail.

Ces deux régiments, composés de vieux soldats aguerris, dont un grand nombre avaient fait les campagnes de Crimée, d'Italie et du Mexique, présentaient un aspect admirable.

Une grande solidarité, une confiance à toute épreuve entre les officiers et leurs hommes, un magnifique esprit de corps animaient ces régiments d'Afrique.

Une discipline rigoureuse, une tenue irréprochable en faisaient des troupes de premier ordre. Avec de pareils soldats on pouvait tout oser.

Cette brigade fut le noyau d'une division indépendante sous les ordres du général Margueritte dans l'armée de Châlons. On lui adjoignit deux excellents régiments formés à l'école africaine, les 1er de hussards (colonel de Bauffremont) et 6e de chasseurs (colonel Bonvoust), qui montrèrent par la suite ce que l'on pouvait attendre de leur bravoure. On versa également dans cette division le 4e régiment de chasseurs d'Afrique (colonel de Quélen) arrivé depuis peu et qui rallia le 30 août à Mouzon.

La nombreuse cavalerie de l'armée de Châlons battait le pays sans grande utilité, un peu au hasard et en avant de l'armée, tandis qu'en s'étendant au loin sur la droite, elle pouvait tout en couvrant la marche sur Reims prendre

2

le contact avec l'armée du Prince Royal de Prusse, dont les éclaireurs paraissaient au camp de Châlons sur les talons de l'armée française.

Si à cette époque on avait appliqué les principes élémentaires de la guerre et les règles les plus simples sur l'emploi de la cavalerie, le maréchal avant d'arriver à Sedan aurait su qu'il avait à ses trousses toutes les hordes allemandes.

Sa nombreuse cavalerie devait le renseigner exactement, elle le pouvait, mais le manque de direction paralysait ses mouvements.

Le 30 août, la division Margueritte se trouvait sur la rive droite de la Meuse, un peu à gauche du 12ᵉ corps qui occupait les hauteurs de Mouzon.

Le 5ᵉ corps, surpris à Beaumont vers midi, battait en retraite sur Mouzon. On le voyait arriver dans le plus complet désordre. Le commandant du 12ᵉ corps avait envoyé pour le soutenir toutes les troupes dont il pouvait disposer. Le général Margueritte porta également sa division au secours de ce corps. Le 3ᵉ régiment de chasseurs d'Afrique partit au galop, mais à peine arrivait-il au pont déjà encombré de voitures et de fuyards, qu'on rencontra l'Empereur et le maréchal remontant le chemin creux qui descend vers ce pont.

Le maréchal fit observer au général Margueritte qu'il était inutile d'aller plus loin, qu'il lui serait difficile de passer et lui donna l'ordre de reprendre position sur la hauteur.

La division bivouaqua à Vaux, en arrière de la ferme de Blanc-Champagne.

Vers 2 heures du matin, le général, repliant ses grand'gardes, leva le camp et se retira à Carignan, assistant ainsi au défilé du 12ᵉ corps qui marchait vers Bazeilles.

On se demande si à ce moment toute la cavalerie, au lieu de se tenir dans les culottes de l'infanterie, n'aurait pas dû être en face des avant-postes allemands sur les rives de la Meuse et du Chiers et perpendiculairement à la frontière ?

Dans la journée du 31 août, la division Margueritte longeant la frontière, vint en passant par Francheval, camper au calvaire d'Illy.

On se retirait ainsi tournant le dos à l'ennemi et sans rencontrer la cavalerie allemande, qui nous suivait, en épiant nos moindres mouvements.

Dans la nuit du 31 août au 1ᵉʳ septembre, le général Margueritte ne s'était pas couché ; pendant que ses cavaliers prenaient un repos dont ils avaient besoin, lui se tenait près d'un feu de bivouac, inquiet, redoutant une attaque dans la position peu avantageuse qu'occupait l'armée.

Vers une heure ou deux heures du matin il envoya des reconnaissances dans différentes directions.

Chaque régiment devait à cet effet fournir un officier et dix chasseurs.

La reconnaissance envoyée par le 3ᵉ régiment de chasseurs d'Afrique était sous les ordres du lieutenant de Pierres.

Vers quatre heures du matin, il faisait encore nuit, cet officier envoya au général Margueritte des renseignements donnés par un voyageur de commerce, renseignements bien positifs, et qui, hélas! se vérifièrent de point en point.

Sinistre prophétie que celle de ce voyageur !

Ces renseignements écrits au crayon sur le dos d'une enveloppe étaient ainsi conçus :

« La fusillade commence sur les bords de la Meuse.
» Il va y avoir une grande bataille. Le Prince Royal
» est là avec son armée. Nous serons entourés par plus
» de 200,000 hommes. »

Un chasseur reçut l'ordre de porter immédiatement
cette dépêche au général et de bien lui dire que les renseignements émanaient d'un homme connaissant admi-
rablement le pays où il faisait des affaires. Que cet
homme, voulant s'éloigner de Sedan, avait rencontré les
Allemands sur toutes les routes, et qu'il insistait sur ce
point : « *L'armée sera entourée et mitraillée sur les
positions qu'elle occupe.* »

Peu de temps après, le détachement du 3ᵉ régiment
de chasseurs d'Afrique se rencontra avec celui envoyé
par le 6ᵉ régiment de chasseurs, commandé par le lieutenant Poulat.

Les deux troupes se réunirent et vinrent un peu avant
le point du jour se heurter à de l'artillerie escortée par
de l'infanterie et quelques uhlans. Les deux officiers
purent s'assurer que les hauteurs au-dessus de Daigny
et de Givonne, ainsi que les bois en avant de Francheval étaient fortement occupés.

L'officier commandant la reconnaissance se rendit
aussitôt auprès du général Margueritte et lui fit verbale-
ment son rapport.

La division était à cheval depuis longtemps déjà,
formée en colonne de régiments en arrière du bois de
la Garenne, faisant face à ce bois et à la Givonne.

Vers 7 heures, le général fit exécuter un demi-tour par
pelotons à chaque régiment : la division se trouva alors
face à la direction de Mézières et dans le même ordre,
le 3ᵉ régiment de chasseurs d'Afrique en première ligne.

Entre 7 et 8 heures du matin, on voyait distinctement le mamelon et les hauteurs comprises entre Fleigneux, Saint-Menges et Illy, occupés par une nombreuse artillerie. Cette artillerie était placée sur la route qui part de Floing et se croise avec le chemin de Fleigneux à Illy. Peu après, de l'infanterie venant de Fleigneux se dirigeait vers Illy.

Là se trouvaient en effet à ce moment 7 batteries détachées des 11e et 5e corps ; peu à peu dans la journée, leur nombre s'éleva à 26. — Ces quarante pièces environ étaient soutenues par des escadrons des 13e et 14e régiments de hussards et dix compagnies d'infanterie : 6e, 10e, 11e, 12e du 82e régiment, 1er, 3e, 9e, 11e, 12e du 87e régiment et 7e du 88e régiment ; c'était l'avant-garde de l'armée du Prince Royal de Prusse qui arrivait pour intercepter à l'armée française la route de Mézières.

Le feu des pièces était dirigé en partie obliquement vers Sedan. Quelques-unes tiraient directement sur le bois de la Garenne.

Les projectiles passaient au dessus de la division Margueritte et plusieurs tombaient dans les rangs des régiments de cuirassiers de la division de Bonnemains qui se trouvaient en colonne par pelotons dans un pli de terrain situé entre le bois de la Garenne et la route d'Illy à Floing.

Il y avait déjà un certain laps de temps que la division se tenait inactive en face de cette artillerie ; la batterie divisionnaire (capitaine Hartung) s'était bravement portée en avant et ouvrait avec succès le feu contre les pièces allemandes.

Ici se place la première erreur contenue dans le livre du général Lebrun (pages 116-117), où il dit : « Un peu » avant dix heures, le général Brahaut et le **général**

» Margueritte, après avoir échangé leurs impressions sur
» ce qui se passait sous leurs yeux se mirent d'accord
» pour essayer d'arrêter les bataillons prussiens en les
» faisant charger simultanément par leur cavalerie. Ils
» convinrent que les régiments de la division de cavale-
» rie indépendante chargeraient de front, pendant que
» la brigade de Bernis, de la division Brahaut, charge-
» rait les bataillons en les attaquant sur leur flanc
» gauche. Il était dix heures quand le mouvement com-
» biné des deux divisions étant parfaitement arrêté le
» général Brahaut le mit à exécution. »

« Les régiments de la brigade de Bernis traversèrent
» le village d'Illy et se lancèrent sur l'infanterie prus-
» sienne ; mais sous la pluie de balles qui décima leurs
» hommes et leurs chevaux, ils regagnèrent leur posi-
» tion et s'y rallièrent. *La division du général Mar-*
» *gueritte n'avait pas chargé.* »

Avant d'aborder la question de savoir si le général
Margueritte et le général Brahaut se sont concertés pour
faire simultanément cette attaque de front et de flanc, il
faut établir, tout d'abord, *qu'une partie de la division
Margueritte a chargé de front à ce moment et que la
division Brahaut n'a pas exécuté le mouvement de
flanc.*

Avant de citer le passage du livre du général Lebrun,
j'ai laissé la division Margueritte faisant face aux batteries allemandes, le 3ᵉ régiment de chasseurs d'Afrique
en première ligne. Il devait être au plus tard neuf heures,
lorsque le général de Galliffet faisant sonner aux officiers
du 3ᵉ chasseurs d'Afrique, leur apprit que le maréchal
avait été blessé et leur dit :

« *Nous avons l'honneur d'être désignés pour sou-*

» *tenir la retraite de l'armée. Je compte sur vous.*
» *Il est probable que nous ne nous reverrons pas tous,*
» *je vous fais mes adieux.* »

Les officiers venaient de reprendre leurs places devant les escadrons, lorsque peu de temps après, on vit paraitre les casques d'une compagnie du 87ᵉ de ligne prussien le long du remblai de la route qui va d'Illy à Floing à quelques cents mètres de la cavalerie.

« *Enlevez-moi ça, les chasseurs !* » s'écria le général Margueritte.

Le 3ᵉ régiment de chasseurs d'Afrique s'élança sur l'infanterie prussienne, culbuta la ligne de tirailleurs, pénétra au milieu des compagnies espacées les unes des autres, et très certainement, produisit un désordre tel dans ces compagnies que la route était ouverte pour arriver aux batteries. Le 3ᵉ escadron, du reste (capitaine commandant Rapp), piquant droit devant lui, arriva très près des batteries, mais, ne se sentant pas appuyé, revint vers Illy et le bois de la Garenne où sonnait le ralliement.

Les 1ᵉʳ, 2ᵉ et 6ᵉ escadrons couraient de droite et de gauche sur les fantassins prussiens en désordre et surpris de cette vive attaque.

Mais pendant ce temps les autres régiments avaient appuyé à droite et étaient dirigés vers Illy ; ils défilèrent ainsi le long de ce fatal remblai où bien des officiers et des hommes furent tués ou blessés par des fantassins embusqués. C'est là entre autres que le capitaine de Monfort, du 4ᵉ chasseurs d'Afrique, reçut une balle dans le genou.

Ce fut une charge manquée, sans but bien assigné et sans direction suffisante. Le 3ᵉ régiment de chasseurs d'Afrique perdit beaucoup de monde, car il dut non seulement aborder l'infanterie peu nombreuse il est vrai, mais encore revenir sur sa première position en passant de nouveau au milieu des fantassins prussiens qui se reformaient.

Dans cette charge qui fait le plus grand honneur à ce régiment, MM. Renault et Leclerc, lieutenants, Swenger, Jardel et de Vergennes, sous-lieutenants, furent tués, de Ganay, lieutenant, blessé. MM. de la Tour, capitaine, et de Fitz-James, sous-lieutenant, ayant eu leurs chevaux tués, restèrent entre les mains de l'ennemi.

Lorsque le général Margueritte fit sonner le ralliement, il avait l'intention de faire recommencer la charge ; mais devant les pertes déjà subies, et n'étant pas appuyé par le restant de la cavalerie que l'on voyait au loin quitter le champ de bataille et se diriger vers la Belgique, le feu augmentant de violence, il se replia vers le bois de la Garenne.

Le général Margueritte s'était-il concerté avec le général Brahaut pour exécuter cette charge ?

Sur ce point les avis sont partagés.

D'après le général de Wimpffen, la division Brahaut aurait été surprise les chevaux au piquet et mise en déroute.

Une division de cavalerie ne se laisse pas ainsi surprendre lorsqu'une bataille est engagée depuis quatre heures. Si elle a été surprise ce ne peut donc être qu'au matin et avant la charge du 3ᵉ régiment de chasseurs d'Afrique ; mais il existe un fait certain, c'est que le général Brahaut fut fait prisonnier dans les bois par le 1ᵉʳ escadron du 14ᵉ régiment de dragons (capitaine de Massow) qui formait l'extrême avant-garde du 5ᵉ corps allemand. L'avant-garde du 5ᵉ corps atteignait Vivier-au-Court, à

7 heures 1/2, au moment où la tête du 11ᵉ corps arrivait à Vrigne-aux-Bois. A cette heure, des escadrons allemands parmi lesquels se trouvait celui du 14ᵉ dragons, avaient déjà paru vers la frontière Belge.

Enfin il est également positif que la divion Brahaut n'a pas exécuté la charge de flanc.

Ce qu'il importe d'établir dans l'intérêt de l'histoire, c'est que la division du général Margueritte, ou partie de cette division, a chargé sans l'appui d'autres corps de cavalerie, et que si elle avait été soutenue, l'artillerie couronnant les hauteurs entre Saint-Menges, Fleigneux et Illy, pouvait être enlevée et le mouvement du Prince Royal retardé, — ceci bien avant dix heures.

Ici se présente un point délicat que le général Lebrun juge avec une grande sévérité. Pour l'honneur de la cavalerie française et de ses chefs, il est permis de le discuter.

On a blâmé des brigades de cavalerie qui ont abandonné le champ de bataille sans combattre, à peu près au même moment où le général Margueritte lançait le 3ᵉ régiment de chasseurs d'Afrique contre les fantassins du 87ᵉ de ligne prussien.

Ces troupes, qui reçurent des ovations et que dans l'exaltation du moment on appelait : « *les glorieux perceurs de Sedan,* » ces troupes n'ont rien percé. Elles ont pu recevoir quelques coups de feu, mais elles ont trouvé devant elles la route de Mézières à peu près libre, car les Allemands dans leurs fascicules, exacts sur bien des points, disent que jusqu'à dix heures et demie environ on pouvait passer, les armées allemandes n'ayant pas encore terminé leur jonction sur toute l'étendue du cercle.

Au moment où le général Ducrot prenait le commandement en chef, l'ordre avait été très positivement donné à une partie de la cavalerie d'avoir à soutenir la retraite, de former pour ainsi dire l'arrière-garde — ceci ressort de l'allocution adressée par le général de Galliffet aux officiers du 3ᵉ chasseurs d'Afrique, — n'est-il pas naturel qu'une autre partie ait reçu l'ordre de former l'avant-garde et de se diriger immédiatement sur Mézières ?

Au milieu de la confusion des ordres et contre-ordres que le passage du commandement en chef du général Ducrot au général de Wimpffen durent nécessiter, il se peut, et il est même logique que cet ordre ait été donné.

Il est inadmissible que des officiers généraux dont la carrière a toujours été honorable, dont la bravoure a été souvent mise à l'épreuve, entraînent avec eux les troupes sous leurs ordres et abandonnent un champ de bataille sans un ordre supérieur.

La cavalerie française n'en était pas arrivée à voir se produire des défaillances de ce genre ; elle fut malheureuse, mal dirigée, mais n'avait pas abdiqué son antique réputation de bravoure.

Après avoir exécuté cette charge en avant des batteries prussiennes, le général Margueritte fit traverser le bois de la Garenne par sa division.

Le passage de ce bois s'affectua sous une grêle d'obus et de balles qui arrivaient d'autant mieux à destination que cette cavalerie montée en chevaux blancs, formait une cible naturelle lorsqu'elle se présentait à la lisière du bois. — Le 1ᵉʳ régiment de hussards y fut particulièrement éprouvé.

Vers onze heures ou midi, MM. de Pierres, lieutenant, de Kergariou et de Boisguéhéneuc, sous-lieutenants, au 3ᵉ régiment de chasseurs d'Afrique, furent détachés près du général Margueritte pour porter et transmettre ses ordres. — M. Révérony, lieutenant au 1ᵉʳ régiment de chasseurs d'Afrique, remplissait les fonctions d'officier d'ordonnance depuis le mois de décembre 1869. M. le capitaine d'état-major Henderson, celles d'aide de camp.

Vers midi, il y eut un moment où la canonnade sembla cesser pour reprendre ensuite avec une nouvelle intensité.

Le général profita de ce moment de répit pour faire mettre pied à terre et ressangler les chevaux, puis porta sa division vers une déclivité de terrain entre Floing et Cazal, en arrière de la crête qui relie ces deux points.

Suivi de son état-major et d'un peloton du 1er régiment de hussards qui lui servait d'escorte, il se dirigea vers cette crête, dans le but de reconnaître ce qui pouvait se passer en avant de lui. Des hauteurs situées entre Floing et Cazal, on voyait bien distinctement des colonnes profondes d'infanterie prussienne venant de Donchery par Saint-Albert et le défilé de la Falizette, et se dirigeant vers ces hauteurs par les prairies qui bordent la Meuse.

C'était la 22e division du 11e corps (général de Schkopp). Le général Margueritte s'en était très exactement rendu compte et cherchait à établir quel pouvait être approximativement le nombre des combattants qui s'avançaient ainsi.

Les compagnies qui se trouvaient en tête de la colonne s'étaient déployées en tirailleurs et avançaient au pas de course vers la position qu'occupait le général, et dont elles ne devaient pas à ce moment se trouver à plus de 6 ou 700 mètres.

Les Prussiens dirigèrent une vive fusillade vers cette crête, où le général et son escorte servaient de cible.

Le général fit un demi-tour et l'escorte partit au galop. Dans ce demi-tour, il se trouvait naturellement le dernier.

Après avoir ainsi galopé, pendant une centaine de

mètres, il arrêta brusquement son cheval en s'écriant :
« *Ah ! messieurs, n'allons pas si vite vers la division ;* »
puis, retournant son cheval, face à l'ennemi, il ajouta :
« *Remontons voir.* »

Quel est le sentiment auquel céda le général Margueritte à ce moment?

Il n'y avait plus rien à voir.

Il fallait au contraire arriver au plus vite près de la division, soit pour la faire charger contre les tirailleurs qui commençaient à gravir la pente, soit pour la replier et se retirer devant cette avalanche.

En effet, que pouvaient faire les 1500 cavaliers qui formaient à peu près à ce moment l'effectif de cette division fort éprouvée depuis le matin ?

Que pouvaient-ils faire contre ces masses profondes d'infanterie qui s'avançaient victorieusement sans recevoir un coup de canon, et que n'entamaient et n'arrêtaient certainement pas quelques coups de feu envoyés par des soldats isolés et débandés.

Que pouvaient-ils faire dans une pente ravinée, remplie d'excavations et parsemée de séchoirs à linge ?

Lancer de la cavalerie sur un pareil terrain c'était la faire massacrer sans avoir même l'espoir de pouvoir aborder l'ennemi.

Au moment où le général Margueritte paraissait pour la seconde fois sur la crête, présentant le côté gauche à l'ennemi, il recevait une balle qui lui traversait les deux joues, coupant la langue en partie.

Il tombait la face contre terre. Le capitaine Henderson et le lieutenant Révérony mirent pied à terre pour le relever et le placer sur un cheval gris, amené par un des hommes de l'escorte.

Le lieutenant de Pierres allait également mettre pied

à terre lorsque M. Révérony le pria de prendre le cheval bai du général. — Ce cheval portait une certaine somme d'argent contenue dans les sacoches de la selle.

On se mit en marche au pas pour redescendre. Le général à cheval était soutenu sous le bras gauche par le hussard porteur de sa longue vue, sous le bras droit par le lieutenant Révérony, derrière lui venaient M. Henderson, M. de Pierres conduisant en main le cheval, MM. de Kergariou, de Boisguéhéneuc et le peloton d'escorte. Le triste cortège passa devant le front du 1er régiment de chasseurs d'Afrique.

Les chasseurs, le sabre à la main, debout sur leurs étriers, hurlaient : « En avant ! vengeons le général ! » Le général, tête nue, la langue pendante, la figure couverte de sang avait conservé toute sa connaissance. Il poussait des cris rauques, les sons sortaient du fond de la gorge, cherchant à se faire comprendre, il faisait avec la main signe de marcher en avant et de charger.

Les sabres ne s'abaissèrent pas en signe de deuil comme cela a été écrit quelque part. Il y eut au contraire à ce moment dans ce magnifique régiment un élan sublime de colère et de rage. Les figures bronzées de ces vieux soldats étaient animées d'un mâle courage et respiraient la haine et la vengeance. — Les lames de sabre brillaient bien haut ! C'est à ce moment que sans d'autres ordres le 1er régiment de chasseurs d'Afrique s'élança sur l'infanterie prussienne. — Peu après, on emportait son colonel (colonel Clicquot), atteint d'une balle dans la poitrine, blessure dont il mourut le 9 septembre (1).

(1) Au 1er chasseurs d'Afrique : le colonel Clicquot, le capitaine Marquier, les lieutenants Cugnot, de Marsaguet, Le Mintier de Saint-André, les sous-lieutenants Perry de Nieuil, de Grammont, furent tués; le lieutenant-colonel Ramond, les sous-lieutenants de la Chevallerie, Jousserandot, blessés.

On conduisait le général Margueritte vers une ambu-
lance, et on arrivait à peu près au bas du versant, quand
le capitaine Henderson, qui venait de parler au général,
s'adressant ensuite au lieutenant de Pierres, lui dit :
« *Donnez-moi le cheval que vous avez en main, et*
» *allez dire au général de Galliffet de prendre le*
« *commandement de la division.* »

Cet officier, passant à côté du 1ᵉʳ régiment de hussards
arrêté vers le bas de la pente, se rendit immédiatement
auprès du général de Galliffet, pour lui transmettre
l'ordre de prendre le commandement, que lui passait
son chef hiérarchique le général Margueritte.

Le général de Galliffet à la tête du 3ᵉ régiment de
chasseurs d'Afrique se trouvait à ce moment très près du
sommet de la crête et parlait au général Ducrot. Le 3ᵉ
chasseurs d'Afrique formé en colonne par escadrons,
ressemblait sous la pluie de balles à un navire désem-
paré, ballotté par le roulis. Les chevaux reculaient
comme quand ils reçoivent la grêle sur le nez, hennissant
de douleur et de frayeur.

Les hommes étaient admirables de sang-froid et de
bravoure et l'on peut inscrire le point suivant en lettres
d'or dans le code de la discipline : dans un pareil
moment, des chasseurs blessés demandaient à leurs officiers l'autorisation de quitter le rang. Au milieu des cris
et de la fusillade, on entendait distinctement le bruit
sourd des balles pénétrant dans les chairs et frappant sur
les lames et les fourreaux de sabre. En un instant, la
crête de ces hauteurs fut couverte de cadavres d'hommes
et de chevaux. Les trompettes sonnèrent la charge. Les
1ᵉʳ et 2ᵉ escadrons, le général de Galliffet à leur tête, par-
tirent enfin et allèrent comme d'autres encore s'engloutir
dans les trous des carrières et se faire massacrer devant

les carrés prussiens. Des pelotons entiers disparurent ; le sous-lieutenant Badenhuyer, du 2ᵉ escadron, tué depuis au Sénégal à la tête de l'escadron de spahis, revint seul ayant laissé tous ses hommes par terre. MM. de Liniers, lieutenant-colonel, et de Varaigne, capitaine-commandant le 2ᵉ escadron, furent tués ; de Linage, capitaine commandant le 1ᵉʳ escadron, de La Moussaye, lieutenant, Baillou de Kergariou, Petit et de Cours, sous-lieutenants, furent blessés. Le lieutenant Triboulet, blessé au passage du bois de la Garenne, mourut des suites de sa blessure.

Le ralliement se fit un peu en arrière de la crête, et les débris du 3ᵉ régiment de chasseurs d'Afrique vinrent se réfugier dans le fossé des fortifications de Sedan.

Sur 37 officiers, il en manquait 18, sur 437 sous-officiers et chasseurs, 231 étaient restés sur le champ de bataille.

Le terrain ne permettant pas de déployer la division, les autres régiments étaient placés sur une ligne oblique et très irrégulière, dont le 3ᵉ chasseurs d'Afrique occupait la droite.

Dirigés par leurs colonels, ils chargèrent successivement dès qu'ils furent en face de l'ennemi. Ils subirent également de grandes pertes.

Des escadrons de lanciers et de cuirassiers chargèrent également sur le même point. Ces braves subirent le même sort que les cavaliers de la division Margueritte.

Des hauteurs de Gaulier, Cazal, Floing, de tous les côtés à la fois, les cavaliers français s'élancèrent contre l'infanterie allemande, pénétrant au milieu d'elle, renversant ses tirailleurs, mais sans réussir à la faire plier.

Pendant une demi-heure toute cette cavalerie tourbillonna sur les crêtes et sur les pentes du plateau, luttant corps à corps au milieu de l'infanterie prussienne. Des escadrons arrivèrent dans une batterie de 8 pièces située au sud de Floing : d'autres appartenant au 1er régiment de cuirassiers poussèrent jusqu'à Saint-Albert, au milieu des convois du 11e corps, mais tous, hélas! durent succomber sous le feu de l'infanterie.

C'est ainsi que fut mortellement atteint le général Margueritte ; c'est ainsi que sa division, bien digne du chef qui la commandait, exécuta, en même temps que des lanciers et des cuirassiers des divisions de Fénelon et de Bonnemains, ces charges dont on a si souvent parlé et qui ont excité l'admiration même de l'ennemi.

Le Roi Guillaume du point où il était placé put assister à cet inutile sacrifice de la cavalerie française, et reconnaitre la bravoure de ces régiments.

Un journal allemand, *la Gazette de la Croix*, en racontant les différents épisodes de la bataille, s'exprime ainsi :

« Un **parti** de cavalerie, qui devait être composé de
» **chasseurs** d'Afrique, monté sur des chevaux blancs
» (*mit schimmeln*), s'est élancé sur nos troupes en re-
» nouvelant les exploits de l'ancienne chevalerie fran-
» çaise. »

Le grand état-major prussien donne l'appréciation suivante :

« Bien que le succès n'ait pas répondu aux efforts de
» ces braves escadrons, bien que leur héroïque tentative
» eût été impuissante à conjurer la catastrophe à laquelle
» l'armée française était déjà irrémissiblement vouée,
» celle-ci n'en est pas moins en droit de jeter un regard
» de légitime orgueil vers ces champs de Floing et de
» Cazal. »

Il est triste qu'en France, dans des ouvrages sérieux, dans des articles de journaux, l'on ait converti ce magnifique épisode en une affaire de chicane, faisant ainsi dégénérer un des plus beaux faits d'armes de notre cavalerie en une question de personnes.

Dans l'exposé de ces charges, M. le général Lebrun dit, pages 125, 126, 127, 128, qu'elles furent ordonnées par le général Ducrot et dirigées par le colonel de Bauffremont, comme plus ancien colonel de la division, le général Tillard ayant été tué le matin ; il parle d'un mouvement qu'aurait fait exécuter le colonel du 1er régiment de hussards dans le but de mettre son régiment en première ligne alors qu'il n'était qu'en troisième ; enfin, il conteste le droit qu'avait le général de Galliffet de prendre le commandement.

M. le général Lebrun aura été sans doute aussi mal renseigné à cet égard que le général Ambert lorsqu'il a raconté ces faits dans son livre intitulé « *l'Invasion* ».

La charge, ou plutôt les charges successives, exécutées par les différentes fractions de la division Margueritte et par les régiments de lanciers et de cuirassiers des divisions de Fénelon et de Bonnemains, ont été en effet ordonnées par le général Ducrot, mais le général Margueritte, quoique blessé, avait bien manifesté l'intention de lancer sa division contre le 11e corps allemand.

Il ne lui restait, en effet, que trois alternatives :

1° Charger les troupes prussiennes qui gravissaient les pentes entre Cazal et Floing ;

2° Se replier sur Balan et charger dans les rues du village ;

3° Se réfugier dans Sedan.

Il arrive un moment où les troupes ennemies sont tel-

lement rapprochées qu'il faut ou marcher en **avant**
quelle que soit la disproportion du nombre, ou reculer.
La division se trouvait dans cette situation critique, et
n'avait pas encore reçu d'ordre pour se diriger vers Balan et prendre part au dernier mouvement offensif.

Le général Margueritte, sur la demande du **général**
Ducrot, s'en tint à la première de ces trois. alternatives.

Si, comme l'a jugé le général de Wimpffen, cette
charge fut intempestive, elle fut avant tout un grand et
sublime sacrifice fait à l'honneur des armes.

Les colonels ont chargé avec bravoure à la tête de
leurs régiments, mais le colonel de Bauffremont n'a pas
particulièrement dirigé ces charges.

M. le général Lebrun parle d'un mouvement prépara-
toire qu'aurait fait exécuter le colonel du 1ᵉʳ régiment
de hussards. Comment aurait-il pu, au milieu d'une fusillade aussi violente, faire exécuter à son régiment, non
pas un, mais plusieurs mouvements successifs pour arriver
à le mettre en première ligne, alors qu'il n'était qu'en
troisième dans l'ordre en colonne par régiments, et tout
cela à quelques cents mètres au plus de l'infanterie
prussienne ?

Tenter un pareil mouvement à cet instant eût été la
plus grosse faute que pouvait commettre un officier de
cavalerie.

Le général de Galliffet portait depuis deux jours les
insignes de son grade (deux étoiles d'argent sur son
képi). Il était reconnu comme tel par son chef hiérarchique le général Margueritte qui lui envoya l'ordre de
prendre le commandement de la division. C'est à lui que
s'adressa le général Ducrot en apprenant la blessure du
général Margueritte. C'est à lui que les colonels des régiments de la division devaient obéissance, dans un mo-

ment où la discipline était plus que jamais une obliga-
tion et la force suprême sur laquelle on doit toujours
s'appuyer.

Dans la nuit qui suivit cette bataille, l'armée répandue
dans la ville présentait l'image du chaos le plus complet.

Le 2 septembre des affiches indiquèrent aux différents
corps l'emplacement où ils devaient se rallier.

Ce qui avait été la division Margueritte campa dans la
plaine de Torcy, sous les ordres du général de Galliffet.

Le général de brigade commandant la division fit dans
la journée du 2 septembre toucher par le sous-lieutenant
Quenau, officier adjoint au trésorier du 3ᵉ régiment de
chasseurs d'Afrique, un mois de solde, les indemnités et
sommes arriérées qui furent remises aux officiers et à la
troupe, suivant procès-verbal du Conseil d'administration éventuel.

Le colonel du 1ᵉʳ régiment de hussards refusa de recevoir la somme destinée à son régiment. Elle fut alors con-
fiée en dépôt et répartie entre les officiers du 3ᵉ régiment
de chasseurs d'Afrique, suivant un second procès-verbal
du Conseil d'administration. A la rentrée de captivité cet
argent fut versé au Trésor.

Le lendemain, le 3ᵉ régiment de chasseurs d'Afrique
partageait, ainsi que les autres régiments de la division,
le triste sort de l'armée prisonnière dans la presqu'ile
d'Iges.

Les officiers subirent le même sort que la troupe qui
avait si vaillamment combattu sous léurs ordres. — Pas
un seul n'accepta la clause de la capitulation que les Allemands appelaient signer le revers, et qui autorisait le si-
gnataire à rentrer en France en s'engageant à ne plus
porter les armes contre l'Allemagne pendant la durée de
la guerre. — Ils furent internés à Erfurt.

III

Lorsque l'histoire faisant justice des romans et des élucubrations rancunières parus sur cette journée fatale enregistrera brutalement les faits, elle dira :

Vers 3 heures, au moment où tout était perdu, le général Ducrot, sans en référer au général en chef, exigea de la cavalerie un inutile et dernier sacrifice en la lançant contre l'infanterie prussienne qui venait occuper les hauteurs de Floing et de Cazal.

Le général Margueritte, quoique mortellement atteint, en se portant en avant de sa division, put encore donner l'ordre au 1er régiment de chasseurs d'Afrique de charger l'ennemi et se retirer en remettant le commandement au général de Galliffet.

La capitulation à laquelle a été réduite cette malheureuse armée n'a résulté ni des combinaisons du général Ducrot, ni de celles du général de Wimpffen, mais de la situation déplorable dans laquelle elle se trouvait lorsque l'un et l'autre de ces généraux prirent le commandement.

Le général de Wimpffen eut peut-être le tort de ne pas communiquer confidentiellement au maréchal, dès son arrivée à l'armée, l'ordre du gouvernement de la Régence l'instituant Commandant en chef dans le cas où le maréchal par une circonstance ou une autre serait mis dans la nécessité d'abandonner son commandement; mais le général de Wimpffen, étant le plus ancien général de division de l'armée, devait penser que ce commandement lui revenait de droit. Le passage du commandement en chef du maréchal au général Ducrot, du général Ducrot au général de Wimpffen, occasionna des ordres et contre-ordres funestes, une perte de temps irréparable.

Vers dix heures, l'armée française était déjà cernée, écrasée par les feux convergents de 500 pièces d'artillerie. Ni le général Ducrot, ni le général de Wimpffen ne pouvaient conjurer le désastre.

IV

Au moment où allaient paraitre ces lignes, écrites depuis longtemps déjà, le journal « *la France militaire* », dans son numéro du 30 octobre 1884, donnait le texte d'une lettre adressée, le 3 avril 1880, par le général Ducrot au général de Bauffremont.

Ce document devenu une pièce historique vient à l'appui des faits racontés dans cette brochure.

LA CHARGE DE SEDAN

Madame Ducrot, veuve de l'illustre général, a jugé que, « pour rendre hommage à la vérité, » le moment était venu d'autoriser la publicité de la lettre écrite par son mari, en réponse à celle que le général de Bauffremont avait fait paraitre dans le journal *le Gaulois;* nous sommes heureux de donner à nos lecteurs la primeur de ce document :

Versailles, 3 avril 1880.

Mon cher général,

Je viens de lire votre lettre à la rédaction du *Gaulois*, insérée dans le numéro du 2 avril, et je vous avoue qu'elle me cause un profond étonnement!...

Je regrette vivement que vous ayez fait intervenir mon

nom en cette affaire, car je suis obligé de déclarer que vos *souvenirs sont inexacts*.

Je ne me rappelle pas vous avoir distingué particulièrement avant, ni pendant la charge, et je suis certain de ne vous avoir donné *directement* aucun ordre.

Mes premiers ordres ont été donnés au général Margueritte, que j'ai été chercher au calvaire d'Illy, et que j'ai guidé moi-même jusqu'à l'endroit où il devait former ses escadrons; après lui avoir indiqué la direction dans laquelle devait se porter son effort, je l'ai quitté pour aller à l'infanterie, afin de l'amener en position de soutenir la cavalerie.

C'est à ce moment que le général Margueritte est tombé mortellement frappé en faisant la reconnaissance du terrain sur lequel il allait charger. J'ignore ce qui s'est passé alors ; mais il est permis de penser que chaque colonel s'est mis à la tête de son régiment pour l'entraîner à la charge, et c'est ce qui explique votre erreur.

Peu d'instants après, lorsque nos escadrons, repoussés en désordre sous un feu effroyable, sont venus se rallier derrière la crête, à peu près à la hauteur du point d'où ils étaient partis, j'ai vu le général de Galliffet au milieu d'eux, faisant d'énergiques efforts pour les reformer; accourant vers lui, je m'écriai devant le front des escadrons de droite : « Encore un effort, mon cher général... Si tout est perdu, que ce soit pour l'honneur des armes !... » A quoi le général répondit, avec un entrain communicatif : « Tant que vous voudrez, mon général. Tant qu'il en restera un !.... »

Pendant que ces paroles étaient échangées, plusieurs chasseurs tombèrent frappés dans le rang par les balles qui passaient par-dessus la crête. Puis, le général de Galliffet, mettant le sabre à la main, s'élança pour la dernière fois à la tête de quelques escadrons qui lui restaient.

En résumé, la première division a été formée et lancée

une première fois sur l'indication donnée par moi au général Margueritte : les derniers efforts ont été faits, sous
la direction du général Galliffet, sur l'ordre que je lui ai
donné directement.

Voilà l'exacte et incontestable vérité. Ces faits ont été
relatés dans le récit que j'ai publié en 1871, *alors que
nous étions encore assez rapprochés des événements pour
en avoir conservé un parfait souvenir.*

*Depuis, je vous ai vu vingt fois ; nous en avons causé
souvent ; vous m'avez même donné d'intéressants détails
sur le rôle très honorable que vous avez joué dans ces
héroïques épisodes d'une bien triste bataille.... et jamais
vous n'avez émis un doute sur l'exactitude de ma narra-
tion....*

Comment se fait-il qu'après neuf ans passés, vous veniez
entamer une polémique douloureuse sur ces tristes événements ?....

J'en suis profondément affligé, je vous assure, mais, en
dépit des funestes querelles des partis, je considère comme
un devoir de maintenir la vérité historique.

J'ai blâmé assez énergiquement et assez hautement
certaines faiblesses et certaines défaillances pour me
croire le droit de soutenir l'affirmation des actes de
dévouement et de courage, que les fautes ou les erreurs
commises depuis ne sauraient effacer.

Croyez toujours, mon cher général, à mes sentiments
bien affectueux.

Général A. DUCROT.

Nous avons mis en *italique* les passages qui nous ont paru les plus
intéressants.

(*Note de la Rédaction.*)

Tours. — Imp. E. Mazereau.